AF278597

# LES EMPRUNTS

## CAUSENT LA RUINE

## DES ÉTATS.

PAR J. M. FROUST, DE NANTES,
Auteur de plusieurs Écrits sur les Finances.

*Pauca sunt quæ dicuntur, sed si illa animus*
*bené exceperit, convalescent et exsurgent.*
SÉNÈQUE, Epist. 38.

BIBLIOTHEQUE ROYALE

A PARIS,

Chez FAVRE, Libraire, au Palais-Royal, galerie
de pierre, côté de la rue de Richelieu, n°. 231.

1816.

DE L'IMPRIMERIE DE P. GUEFFIER,
Rue Guénégaud, n°. 31, près la Monnoie.

# A MM. LES MEMBRES

## DE

# LA CHAMBRE DES DÉPUTÉS.

Amis de l'Ordre, amis de la Patrie, amis du Roi ! quel est le bruit qui se répand, qu'il existe des propositions de faire des emprunts pour secourir les finances de la France ? Serait-il possible que l'on songeât à payer de nouveaux tributs à l'étranger au détriment de nos fortunes, de nos biens et de notre industrie ?

Faudrait-il, aujourd'hui que la France doit à toutes les puissances de l'Europe, accroître nos redevances envers elles et fournir à leur commerce un nouvel aliment, à leurs capitaux de nouveaux bénéfices, à leur influence un nouvel accroissement ? Oublierait-on que les emprunts forcèrent les divers gouvernemens à ne jamais rembourser intégralement les engagemens qu'ils avaient con-

tractés à époque fixe ; que leurs conséquences con-
duisirent les souverains à altérer la valeur des mon-
naies ; que même les branches du revenu de
l'Etat, assignées pour le paiement des emprunts,
devinrent à peine suffisantes, quelques années
après, pour en payer seulement les intérêts ; qu'il
arriva encore de là, que l'argent levé dans ce but,
le fut par anticipation ; en sorte que, toutes les
ressources étant épuisées, on se vit obligé de
*fonder* la valeur des emprunts à *perpétuité*.

En Angleterre, où la dette est devenue énorme,
on adopta le principe des *anticipations* sur le
revenu des taxes.

Sous le règne du roi Guillaume, la plus grande
partie des taxes n'était levée que pour peu de temps,
et majeure partie des rapports de chaque année ne
provenait que des prêts sur anticipation du produit
de ces mêmes taxes : bientôt on fut obligé de les
rendre fixes, parce que l'on avait toujours plus à
rendre que l'on n'avait emprunté, et que jamais
les dépenses n'accroissent plus sensiblement dans
un Etat que lorsqu'il a été obligé d'emprunter,
même de ses propres sujets, pour secourir les
finances ; à plus forte raison, lorsqu'il s'agirait
d'emprunter à des sujets des Etats auxquels on

doit déjà , par avance..... Aussi se trouva-t-on toujours dans l'obligation de prolonger les termes des remboursemens ; et on vit, très-sensiblement, que les états couraient à leur perte , quand ils ne surent pas percevoir sur eux - mêmes les sommes nécessaires à leurs besoins.

Témoin l'Angleterre , en 1715 : les différentes taxes qu'elle avait hypothéquées pour payer les annuités de la banque, que l'on rendit perpétuelles, furent accumulées dans un fonds commun, que l'on appelle *the aggregate fund ;* de-là il arriva que presque toutes les taxes furent rendues perpétuelles , comme un fonds pour payer l'intérêt seulement de l'argent prêté sur différentes anticipations.

Depuis que la Grande-Bretagne a eu recours à l'expédient ruineux de fonder ses dettes à perpétuité, la réduction de la dette publique , en temps de paix , n'a jamais tenu de proportion avec son accumulation en temps de guerre ; ce fut en l'année 1688 que la dette fut fondée en Angleterre. A la fin de 1697, la dette montait à *vingt-deux millions sterlings* , et elle s'éleva , jusqu'en 1797, à plus de *quatre cents millions sterlings* ; ainsi , malgré son système d'amortissement tant vanté , sa dette s'accrut, en un siècle, jusqu'à *neuf milliards six cents millions de francs*, tout en faisant usage des emprunts, dont les remboursemens semblaient toujours être hypothéqués sur le produit de taxes nouvelles. Peut-on ne pas s'effrayer en pensant que l'on songerait à adopter de semblables systèmes en France, lorsque l'on sait que la dette anglaise, à partir de 1797 jusqu'à nos jours, se trouve plus que doublée, puisqu'elle est arrivée à la somme énorme d'environ *vingt-deux milliards* ?

Viendra-t-on alléguer que les fonds publics en Angleterre ont produit l'effet d'un grand capital ajouté aux autres capitaux du pays ; qu'il s'en est suivi que le commerce et les manufactures y ont fleuri bien au-delà de ce qu'ils auraient pu faire par le seul secours des capitaux réels ?.... Cette assertion peut en effet être véritable...... Mais quels résultats malheureux cela ne peut-il pas produire par l'abus du pouvoir de faire circuler des valeurs immenses dans un seul pays, sans qu'elles puissent dans aucun temps être garanties par aucune possession territoriale, ni représentées par une somme équivalente de numéraire effectif ?.. On se figure aisément que les financiers anglais se promettent de faire partager les malheurs qui doivent en résulter à toutes les nations de l'Europe, chez lesquelles ils agitent tous les ressorts du crédit, pour, de distance en distance, raviver les capitaux représentatifs chez eux.... Que les capitalistes et les financiers de l'Europe songent donc bien au piége qui leur est tendu; qu'ils se disent, qu'une livre sterling recevable à Londres, ne représenterait pas le réel d'un écu de cinq francs à l'époque où il s'y déclarerait une banqueroute nationale.

Ne serait-ce pas le même calcul que les Romains firent à la fin de la première guerre punique, lorsque, réduits à la dernière nécessité, ils élevèrent le prix de leur monnaie de deux à douze, en sorte qu'il ne fallait qu'un denier pour en payer six; plus tard ils donnèrent une extension bien plus grande à ce moyen, puisqu'ils payèrent leurs dettes avec la vingt-quatrième partie de leur valeur réelle.

Voilà où l'exagération des dépenses et l'abus des moyens peuvent conduire les Etats, quand leurs gouvernemens ont l'ambition de tout conquérir à-la-fois : si ce sont de petits royaumes, ils s'abusent au point de ne pas réfléchir qu'il n'y a que l'étendu et la qualité du sol, ainsi qu'une

population proportionnée , qui peuvent leur per-
mettre de fonder les calculs des dépenses qu'ils
peuvent faire.

Un pays peu peuplé qui veut fonder de grandes
colonies , ne peut y réussir qu'aux dépens de l'en-
tretien de son sol naturel, et il doit s'apercevoir
bientôt que son industrie , trop répandue, nuit à
ses propres intérêts.

Quel peut être le résultat de la splendeur éton-
nante des manufactures anglaises habituées depuis
quarante ans à approvisionner le monde entier
d'une partie des objets nécessaires à ses besoins?

Lorsque le voyageur parcourt toutes les autres
nations de l'Europe , il s'aperçoit que bientôt
chacune d'elles pourra se suffire avec le produit
de ses propres manufactures, et que s'il lui manque
quelques productions, elle pourra facilement se
les procurer en échange de celles provenant soit
de son sol , soit de ses propres fabrications.

Ce voyageur ne conclura-t-il pas que la splendeur du commerce de l'Angleterre et de ses manufactures ne pourra que décheoir , et que con-
séquemment ses navires marchands resteront en
grand nombre sans activité dans ses ports ; qu'elle
perdra tous les grands ressorts qui faisaient jouer

sa machine depuis soixante-quinze ans... L'émigration s'introduira naturellement parmi ses ouvriers industrieux, qui, se répandant dans les divers pays commerçans de l'Europe et du Nouveau Monde, y viendront assurer que jamais elle ne pourra reconquérir cette ancienne splendeur qui ne parvint à étonner le monde que parce que l'on n'avait pas réfléchi qu'elle la tenait d'une cause qui produira sûrement son abaissement.

Mais abandonnons une digression dont le sujet n'est plus depuis long-temps un mystère pour l'observateur le moins éclairé, et revenons à l'objet qui m'occupe en ce moment.

Je suis demeuré convaincu que les systèmes des emprunts, sous quelque forme qu'on les présente, ne peuvent offrir que des résultats dangereux et nuisibles aux intérêts de l'État et causer tôt ou tard le renouvellement de ces désastreuses circonstances qui ont jeté les gouvernemens dans des secousses violentes, toujours contraires à leur stabilité, et qui les ont presque tous impérieusement forcés de faire banqueroute.

Que conclurait-on si tout le monde était dans le cas de se convaincre qu'une rente constituée du temps de François I<sup>er</sup>., pour *huit livres dix sols*, a été réduite par les diverses opérations des gouvernemens à ne représenter aujourd'hui que *sept deniers et demi* de revenu?

A quoi donc attribuer cette dégradation de la valeur des créances sur l'Etat, sinon aux imperfections de tous les systèmes qui ont été adoptés à diverses époques pour secourir les finances, et à ce que les divers gouvernemens n'ont pas su percevoir sur le peuple les faibles sommes qu'exigeaient les circonstances, d'après des bases dictées par la justice et la connaissance des ressources réelles de l'Etat. Cela a pu provenir aussi de ce que les Ministres écoutaient quelquefois les conseils de certains traitans ou fermiers généraux qui, calculant, pendant dix années, la ruine des finances de l'Etat, avaient toujours en perspective, au bout de ce terme, de venir offrir de nouveaux secours aux conditions les plus onéreuses : les Ministres étaient presque toujours obligés d'accepter ces secours, parce qu'ils servaient à les sortir d'embarras et qu'ils semblaient apporter un remède aux maux du moment. On apprêtait ainsi une nouvelle série de malheurs pour l'Etat, pour, plus tard encore, exercer la même influence, en faisant reparaître l'or qui avait été accumulé, résultat des déprédations de ces financiers.

A dieu ne plaise de voir renaître en France de semblables corporations, *les serpens des États, les sangsues de la fortune publique* ! !

Faut-il citer encore nos voisins pour trouver des preuves sensibles de la progression de la ruine des intérêts des peuples par l'adoption des systèmes des emprunts ?

En Angleterre, les effets publics sont consolidés à l'intérêt de trois pour cent par an..... Propose-t-on un emprunt, beaucoup de traitans se présentent et font des soumissions de prêter *cent francs* au gouvernement contre *cent soixante-quinze* ou *cent quatre-vingts francs*, valeur de trois pour cent consolidés sur l'Etat.... Ce marché conclu, l'Etat accroît sa dette de *cent quatre-vingts francs*, et ne reçoit que *cent francs* du prêteur, lequel, maître de son capital de *cent quatre - vingts francs*, agite dans tous les sens pour soutenir le prix de la rente contre l'influence de l'emprunt, et insensiblement il réalise à la Bourse le montant de son acquisition d'effets publics..... Le prêteur résume-t-il la vente au pair de *soixante - deux pour cent*, il réalise *cent onze francs soixante centimes pour cent francs* de valeurs circulantes qu'il a engagées au gouvernement. C'est d'après de semblables moyens mis en usage pour remplir ses besoins , que l'Angleterre a accru le capital de sa dette au point qu'elle ne pourra jamais mettre de proportion entre *la perception de ses taxes et ses besoins annuels.*

Que l'on se figure donc bien que rien n'est plus borné que les calculs des emprunts par les Gouvernemens ; que s'ils changent de formes, ils n'en produisent pas moins des résultats malheureux ; que le jour où l'on verrait en France des propositions faites pour secourir les finances par ce moyen, on s'apercevrait que les prêteurs se ménageraient, comme les financiers anglais, les mêmes proportions dans leurs avantages.

Que l'on considère que lorsque la France, à la suite des événemens qui l'obèrent, aurait été forcée de charger le grand-livre de l'État, de *quatre milliards* d'inscriptions, il ne resterait aucun remède à apporter au débordement de la fortune publique ; il n'y aurait plus d'argent en France et par conséquent plus d'industrie ; son commerce et ses manufactures, qui déjà n'opèrent que dans la gêne et la privation de grands capitaux, verraient dans les mains des manufacturiers

tarir la source de leur prospérité, et il n'en faudrait chercher la cause que dans le refus d'adopter
un système de finances qui permette à la France de
percevoir sur elle-même pour tous ses besoins,
et dans l'influence d'une classe privilégiée qui
chercherait à empêcher que tel ou tel moyen
fût adopté pour secourir l'État, parce qu'il con-
trarierait ses intérêts.

Voudrait-on faire croire qu'un emprunt fait
par la France, que l'on ne suppose pouvoir être
couvert que par les capitaux étrangers, balan-
cerait la sortie du numéraire que nous devons
employer pour payer nos dettes ? Cela serait
contre le bon sens ! Car, ou un emprunt serait
fait à termes fixes, ou l'État vendrait des capitaux de rentes consolidées à un cours quelconque.

Si l'emprunt était fait à terme fixe, il faudrait
rendre en résultat capitaux et intérêts accumulés,
et cet emprunt fait sous le meilleur crédit, au
terme de six ans, emporterait quarante pour cent,
et au-delà, en intérêts de la somme capitale.

L'emprunt serait-il fait sur hypothèque ou en
échange de capitaux de rentes consolidées sur
l'État, à l'époque où l'État est dans le besoin, et
par conséquent lorsque son crédit souffre ?

Cet emprunt deviendrait d'autant plus pernicieux, qu'il laisserait pour des temps incalculables la dette publique chargée d'une rente, dont l'accumulation, en quinze ans, surpasserait de beaucoup la valeur des capitaux reçus par l'effet de l'emprunt, et insensiblement l'État se verrait avoir plus de rentes à payer qu'il n'aurait eu a produire de recettes annuelles pour affaiblir la dette qui motiva la résolution de l'emprunt.

Le système des emprunts est donc un système désastreux pour les gouvernemens : il faut, dans la position difficile où nous sommes, chercher d'autres ressources pour couvrir nos besoins, et nous ne pourrons les trouver qu'en admettant un nouveau système de finances qui présente en même temps la réduction de l'impôt foncier et l'augmentation du nombre des contribuables ; qu'en changeant le mode de certaines perceptions, et en en simplifiant les ressorts ; qu'en créant des valeurs supplétives du défaut de numéraire pour mettre des capitaux en mains de gens industrieux ; qu'en faisant des réglemens efficaces pour réprimer l'usure ; qu'en établissant des institutions qui rapportent tous les capitaux au commerce régulier et à leur emploi dans les usines et les manufactures ; qu'en évitant les monopoles qui se présentent toujours sous une fausse idée de police ; qu'en dotant enfin une Caisse d'Amortissement d'après des principes d'économie politique , principes créés en opposition de ceux qui fondent le crédit en Angleterre.

Voilà les vrais et seuls moyens qui puissent être employés pour couvrir les dépenses fixes et extraordinaires de la France, pour ne pas voir accroître sa dette , pour éteindre celle qui existe , et pour placer notre patrie dans la position heureuse que semblent lui promettre son sol, son industrie et sa population.

*Paris , le 13 novembre 1816.*

*Nota.* Ces systèmes se trouvent plus amplement développés dans un ouvrage sur les finances , que l'auteur va donner incessamment au public , et dans lequel on reconnaîtra la nécessité indispensable de créer un nouveau plan de finances plus productif pour l'État, en même temps qu'il sera moins onéreux pour tous les contribuables du royaume.

**FIN.**

www.ingramcontent.com/pod-product-compliance
Lightning Source LLC
Chambersburg PA
CBHW071657030726
47598CB00005B/2113